内蒙古自治区地方标准

内蒙古自治区公路坡面生态防护设计规范

Design Specification for Highway Slope Ecological Protection in Inner Mongolia Autonomous Region

DB15/T 953—2016

主编单位：内蒙古高等级公路建设开发有限责任公司
　　　　　国家环境保护创面生态修复工程技术中心
　　　　　路域生态工程有限公司
批准部门：内蒙古自治区质量技术监督局
实施日期：2016 年 04 月 15 日

人民交通出版社股份有限公司

图书在版编目(CIP)数据

内蒙古自治区公路坡面生态防护设计规范：DB15/T 953—2016 / 内蒙古高等级公路建设开发有限责任公司，国家环境保护创面生态修复工程技术中心，路域生态工程有限公司主编. — 北京：人民交通出版社股份有限公司，2016.6

ISBN 978-7-114-13076-2

Ⅰ.①内… Ⅱ.①内… ②国… ③路… Ⅲ.①公路路基—边坡防护—设计规范—内蒙古 Ⅳ.①U418.5-65

中国版本图书馆 CIP 数据核字(2016)第128944号

标准类型：	内蒙古自治区地方标准
标准名称：	内蒙古自治区公路坡面生态防护设计规范
标准编号：	DB15/T 953—2016
主编单位：	内蒙古高等级公路建设开发有限责任公司
	国家环境保护创面生态修复工程技术中心
	路域生态工程有限公司
责任编辑：	李　沛
出版发行：	人民交通出版社股份有限公司
地　　址：	(100011)北京市朝阳区安定门外外馆斜街3号
网　　址：	http://www.ccpress.com.cn
销售电话：	(010)59757973
总 经 销：	人民交通出版社股份有限公司发行部
经　　销：	各地新华书店
印　　刷：	北京市密东印刷有限公司
开　　本：	880×1230　1/16
印　　张：	1.25
字　　数：	32 千
版　　次：	2016年6月　第1版
印　　次：	2016年6月　第1次印刷
书　　号：	ISBN 978-7-114-13076-2
定　　价：	20.00 元

(有印刷、装订质量问题的图书，由本公司负责调换)

目　次

前言 II
1 范围 1
2 规范性引用文件 1
3 术语和定义 1
4 坡面生态防护设计原则 2
5 一般规定 2
6 坡面勘察 3
7 坡面总体设计 3
8 坡面植生层设计 4
9 坡面植被恢复设计 5
附录 A（规范性附录） 内蒙古自治区坡面区域划分图 7
附录 B（资料性附录） 内蒙古自治区坡面分区特征表 8
附录 C（规范性附录） 坡面勘察表 10
附录 D（规范性附录） 坡面坡率设计要求表 12
附录 E（规范性附录） 阴坡植生层厚度设计要求表 13
附录 F（规范性附录） 阳坡植生层厚度设计要求表 14
附录 G（规范性附录） 内蒙古自治区坡面生态防护常用植物及其分类表 15

前　言

本标准按照GB/T 1.1—2009给出的规则起草。

本标准由内蒙古自治区交通运输厅提出并归口。

本标准起草单位：内蒙古高等级公路建设开发有限责任公司、国家环境保护创面生态修复工程技术中心、路域生态工程有限公司。

本标准主要起草人：刘凤林、王新民、崔琳、张志耕、赵英、卜庆国、景志远、张姣、闫禄、张春禹、尹峰、刘立波、高明清、段高旗、毕涛、曹燕、刘学义、李铎、淡建军。

本标准为首次发布。

内蒙古自治区公路坡面生态防护设计规范

1 范围

本标准规定了内蒙古自治区公路坡面生态防护设计原则、坡面生态防护一般规定、坡面勘察、坡面总体设计、坡面植生层设计及坡面植被恢复设计要求。

本标准适用于内蒙古自治区[干旱区（Ⅳ区）除外]公路土质、岩土混合质地和石质坡面的生态防护设计。

本标准所适用的公路坡面是按 GB 50330 和 DB15/T 473 评估后的稳定坡面。

本标准主要针对内蒙古自治区公路坡面的生态防护设计，其他相关领域坡面生态防护工程设计可以参照本标准。

2 规范性引用文件

下列文件对于本文件的应用是必不可少的。凡是注日期的引用文件，仅注日期的版本适用于本文件。凡是不注日期的引用文件，其最新版本（包括所有的修改单）适用于本文件。

GB 5084　　农田灌溉水质标准
GB 15618　　土壤环境质量标准
GB 50330　　建筑边坡工程技术规范
DB15/T 473　　内蒙古自治区公路路堑边坡设计规范

3 术语和定义

下列术语和定义适用于本文件。

3.1
植生层　vegetation-supporting layer
坡面生态防护工程中人工构建于坡面供植被生长的基质材料层，其主要成分为土壤和人工添加的辅助植生混合基材。

3.2
坡面质地　slope texture
坡面土、石结构构成，分为土质坡面、岩土混合质地坡面和石质坡面。

3.3
坡向　slope aspect
坡面法线在水平面上的投影方向。

3.4
锚网　anchor net
一种利用金属材料编制成的网状防护设备。

3.5
锚杆　rock bolt
锚固在坡体坡面起支护、固定作用的钢筋。

4 坡面生态防护设计原则

4.1 安全性原则

4.1.1 坡面生态防护工程实施不得对坡面的稳定性产生不良影响。

4.1.2 坡面生态防护工程实施不得产生次生地质灾害与次生环境污染。

4.2 因地制宜原则

4.2.1 坡面生态防护工程设计须充分结合当地生态环境状况。

4.2.2 坡面生态防护工程设计须充分考虑当地的立地条件。

4.3 协调性原则

4.3.1 坡面生态防护工程恢复后的坡面植被群落结构须与周边自然植被相协调。

4.3.2 坡面生态防护工程恢复后的坡面植被景观须与周边自然景观相协调。

4.4 稳定性原则

4.4.1 坡面生态防护工程须充分考虑工程长期稳定性。

4.4.2 坡面生态防护工程须充分考虑植物群落正向演替。

4.5 经济性原则

4.5.1 坡面生态防护工程设计须充分考虑建设造价经济、合理、可行。

4.5.2 坡面生态防护工程设计须充分考虑工程建成后的养护、维护成本。

5 一般规定

5.1 坡面分类

5.1.1 坡率。根据坡率,边坡分为缓坡、次陡坡、陡坡、特陡坡。坡面按坡率分类方法见表1。

表 1 坡面按坡率分类表

坡面类型	缓坡	次陡坡	陡坡	特陡坡
坡率	<1∶1.5	≥1∶1.5,<1∶1	≥1∶1,≤1∶0.75	>1∶0.75

5.1.2 质地构成。根据坡面土、石结构构成,坡面分为土质坡面、岩土混合质地坡面和石质坡面。坡面按质地构成分类方法见表2。

表 2 坡面按质地构成分类表

坡面质地	土质坡面	混合质地坡面	石质坡面
砾石含量	≤30%	30%~70%	≥70%

5.1.3 坡向。根据坡面朝向,坡面分为阳坡和阴坡。坡面按坡向分类方法见表3。

表 3 坡面按坡向分类表

坡面类型	阳坡	阴坡
坡向	西南 30°~南东 60°	南西 60°~北~东南 30°
坡向跨度	120°	240°

5.2 坡面生态防护自然区划

5.2.1 为区分不同区域自然地理条件对公路坡面设计影响的差异性,将内蒙古地区坡面按区域分为严寒区坡面(Ⅰ区)、半湿润区坡面(Ⅱ区)、半干旱区坡面(Ⅲ区)和干旱区坡面(Ⅳ区)。

5.2.2 内蒙古自治区坡面区域划分见附录 A,内蒙古自治区坡面分区特征见附录 B。

6 坡面勘察

6.1 气象调查内容包括:年最大降水量、最低气温、最高气温、年积温、无霜期、年均蒸发量等。

6.2 地形地质调查内容包括:坡率、坡向、坡高、坡级、坡面岩性、坡面质地构成、坡面稳定性等。

6.3 植被与环境调查内容主要包括:植被调查(植被类型、植物种类、乔灌草比例、覆盖度)、土壤(含水率、pH、养分、质地、容重、孔隙度)等。

6.4 工程设计状况调查内容主要包括:边坡工程设计情况、坡体稳定性状况、坡体支护方式、工程截排水设计。

6.5 坡面勘察见附录 C。

7 坡面总体设计

7.1 表土剥离设计

公路建设开挖前须将厚度不小于 20cm 的表土进行剥离,剥离的表层土不能即时用于生态防护的,须选择适宜的场地进行集中堆存,并采取覆盖、围挡等措施防止水土流失。表土剥离厚度见表 4。

表 4 表土剥离厚度表

区域	Ⅰ区	Ⅱ区	Ⅲ区
剥离厚度(cm)	20~25	20~30	20~40

7.2 坡体稳定性设计

坡体要求断层面、错动面等结构面的方向与坡面的方向相反,坡面不会沿结构面或错动面滑移,其稳定性符合 DB15/T 473 的规定。

7.3 坡面截排水设计

坡面截排水设计应符合 DB15/T 473 的规定。

7.4 坡体坡率设计

坡面进行生态防护坡率设计的要求见附录 D。

7.5 适用技术设计

技术选用须结合坡面实际情况综合考量,技术适用性见表5;其他相关技术可以根据技术原理选用,为确保技术的可行性,实施前须对技术进行充分论证,必要时进行小试。

表5 坡面植被恢复技术适应性表

技术类别	技术名称	适应坡面	适应坡向	适应坡率	适应地区
喷附类生态防护技术	厚层基质喷附技术	土质/混合质地/石质	阴坡/阳坡	≤1:0.75	Ⅰ、Ⅱ、Ⅲ
	植生混凝土喷附技术	土质/混合质地/石质	阴坡/阳坡	≤1:0.75	Ⅰ、Ⅱ、Ⅲ
	有机混材喷附技术	土质/混合质地/石质	阴坡/阳坡	≤1:0.75	Ⅰ、Ⅱ、Ⅲ
植生类生态防护技术	植生带技术	土质	阴坡	≤1:1	Ⅰ、Ⅱ、Ⅲ
		土质	阴坡/阳坡	≤1:1.5	Ⅰ、Ⅱ、Ⅲ
	植生袋技术	土质	阴坡	≤1:0.75	Ⅰ、Ⅱ、Ⅲ
		土质	阴坡/阳坡	≤1:1.5	Ⅰ、Ⅱ、Ⅲ
	植生毯技术	土质	阴坡	≤1:1	Ⅰ、Ⅱ、Ⅲ
		土质	阴坡/阳坡	≤1:1.5	Ⅰ、Ⅱ、Ⅲ
栽植类生态防护技术	穴播技术	土质	阴坡/阳坡	≤1:1	Ⅰ、Ⅱ、Ⅲ
	穴栽技术	土质	阴坡/阳坡	≤1:1	Ⅰ、Ⅱ、Ⅲ

8 坡面植生层设计

8.1 植生层厚度设计

8.1.1 植生层厚度须满足所建植植被生长需要。
8.1.2 阴坡植生层厚度设计要求见附录E。
8.1.3 阳坡植生层厚度设计要求见附录F。

8.2 植生层稳定性设计

8.2.1 植生层锚固设计。喷附类生态防护技术构建的植生层须采用锚杆与锚网对植生层进行锚固处理;植生类生态防护技术与栽植类生态防护技术构建的植生层须采用锚杆进行锚固处理。坡率小于1:1.5的土质坡面如需进行锚固设计,参照同坡率混合质地坡面进行。

8.2.2 锚网设计。锚网网丝直径不小于0.2cm,网眼不大于5.5cm×5.5cm,单位面积质量不小于350g/m²,厚度不小于1.4cm,抗拉强度以300MPa~500MPa为宜。

8.2.3 锚杆设计。锚杆应为整体锚杆,不得焊接;主锚杆与辅锚杆规格参数与布设密度要求见表6。

8.2.4 植生层材料设计。材料须具备良好的养分条件,对贫瘠植生层材料可通过添加速效或缓效肥料的方式改善植生层养分状况;材料具有良好的吸水、保水和保肥性能;材料须具备适宜的酸碱度;材料须具备良好的结构特性;材料对于环境胁迫(主要指干旱、盐碱化、冻融等)须具有良好的缓冲能力;材料宜具备良好的微生物活性;选用土壤质量符合GB 15618三级标准的要求;施工用水水质符合GB 5084的要求。

表6 主锚杆与辅锚杆规格参数与布设密度要求表

坡面质地	坡率	主锚杆(cm)		辅锚杆(cm)		密度 $(X+Y)/m^2$
		长度	直径	长度	直径	
土质坡面	≥1:1.5,<1:1	≥30	≥1.2	≥20	≥1.0	0.3+1.2
	≥1:1,≤1:0.75	≥30	≥1.2	≥20	≥1.0	0.3+1.2
混合质地坡面	<1:1.5	≥30	≥1.2	≥20	≥1.0	0.2+0.8
	≥1:1.5,<1:1	≥30	≥1.2	≥20	≥1.0	0.3+1.2
	≥1:1,≤1:0.75	≥30	≥1.2	≥20	≥1.0	0.3+1.2
石质坡面	<1:1.5	≥30	≥1.2	≥20	≥1.0	0.2+0.8
	≥1:1.5,<1:1	≥40	≥1.2	≥25	≥1.0	0.3+1.2
	≥1:1,≤1:0.75	≥40	≥1.2	≥25	≥1.0	0.3+1.4

注：X—主锚杆数量；Y—辅锚杆数量。

9 坡面植被恢复设计

9.1 物种选用须充分考虑植物生理学、生态学特性，以适应坡面所在地生态环境。
9.2 须针对当地生态环境条件，选用环境抗逆性强的物种。
9.3 植被恢复选用植物种子应易获取，工程可实施性强。
9.4 物种选用宜以乡土物种为主，外来物种选用不应对原有植被具有入侵性。
9.5 植物群落构建须充分考虑不同植被的空间分布，宜乔、灌、草相互结合。
9.6 植物群落构建须充分考虑深根系与浅根系植被结合。
9.7 宜选用生长迅速、易形成盖层、根系发达的植物。
9.8 恢复后的植物群落景观同周边自然景观融合。
9.9 植被恢复物种选用须充分考虑表7所列的限制性生态因子的限制作用。

表7 坡面植被恢复限制性生态因子表

区域	坡面质地	坡向	干旱	低温	贫瘠	根系护坡	盐碱化	光照	生长期	热量
Ⅰ区	土质	阴坡	否	是	否	是	否	极少	极短	极少
		阳坡	否	是	否	是	否	较少	较短	较少
	混合质地	阴坡	否	是	否	是	否	极少	极短	极少
		阳坡	否	是	否	是	否	较少	较短	较少
	石质	阴坡	否	是	是	否	否	极少	极短	极少
		阳坡	否	是	是	否	否	较少	较短	较少
Ⅱ区	土质	阴坡	否	是	否	是	是	极少	适中	较少
		阳坡	是	否	否	是	是	较多	适中	较多
	混合质地	阴坡	否	是	否	是	是	极少	适中	少
		阳坡	是	否	否	是	是	较多	适中	较多
	石质	阴坡	否	是	是	是	是	极少	适中	少
		阳坡	是	否	是	是	是	较多	适中	较多

表7(续)

区域	坡面质地	坡向	干旱	低温	贫瘠	根系护坡	盐碱化	光照	生长期	热量
Ⅲ区	土质	阴坡	否	否	否	是	是	极少	适中	少
		阳坡	是	否	否	是	是	较多	适中	较少
	混合质地	阴坡	否	否	是	是	是	极少	适中	少
		阳坡	是	否	是	是	是	较多	适中	较多
	石质	阴坡	否	否	是	是	是	极少	适中	极少
		阳坡	是	否	是	是	是	较多	适中	较多

9.10 内蒙古自治区坡面生态防护常用植物及其分类见附录G；附录G未列出的其他植被选用，须结合其生物学特性对其可行性进行充分论证。

附 录 A
（规范性附录）
内蒙古自治区坡面区域划分图

内蒙古自治区坡面区域划分如图 A.1 所示。

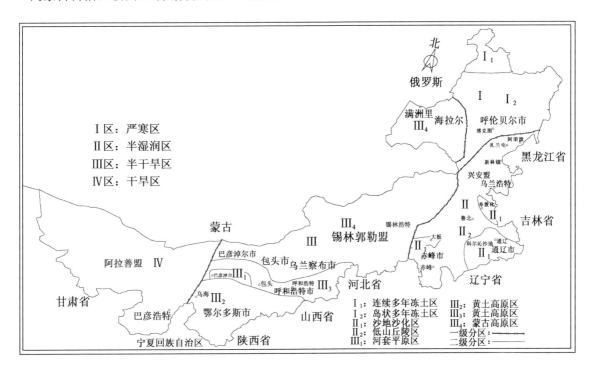

图 A.1 内蒙古自治区坡面区域划分图

说明：

Ⅰ区——严寒区坡面，范围包括呼伦贝尔市东北大部、兴安盟北端，分为两个亚区。

Ⅰ₁区——连续多年冻土区，范围包括呼伦贝尔市的北部山区一带；

Ⅰ₂区——岛状多年冻土区，范围包括呼伦贝尔市大兴安岭低山丘陵一带。

Ⅱ区——半湿润区坡面，范围包括呼伦贝尔市东南端、兴安盟大部、通辽市、赤峰市大部，分为两个亚区。

Ⅱ₁区——沙地沙化区，位于突泉至布敦化段、通辽市科尔沁沙地一带；

Ⅱ₂区——低山丘陵区，位于兴安盟东南端、通辽市大部、赤峰市大部。

Ⅲ区——半干旱区坡面，范围包括呼伦贝尔市西端部、锡林郭勒盟、乌兰察布市、包头市、呼和浩特市、鄂尔多斯市、巴彦淖尔市大部，分为四个亚区。

Ⅲ₁区——河套平原区，位于巴彦淖尔市南部、鄂尔多斯市北部黄河沿岸一带；

Ⅲ₂区——黄土高原区，位于鄂尔多斯市、呼和浩特市南部一带；

Ⅲ₃区——低山丘陵区，位于阴山山系地区（巴彦淖尔盟中部山区、包头地区、呼和浩特大青山山区、乌兰察布市山区）；

Ⅲ₄区——蒙古高原区，位于巴彦淖尔市北部、包头市北部、乌兰察布市北部、锡林郭勒盟、呼伦贝尔市西端。

Ⅳ区——干旱区坡面，范围包括阿拉善盟全区、巴彦淖尔市西端。

附 录 B
（资料性附录）
内蒙古自治区坡面分区特征表

内蒙古自治区坡面分区特征见表 B.1。

表 B.1 内蒙古自治区坡面分区特征表

一级分区	二级分区编号	范围	地貌及气候特征	地质岩性特征	坡面破坏形式
Ⅰ 严寒区	$Ⅰ_1$ 连续多年冻土区	呼伦贝尔市北端	以湿润丘陵、重丘、低山和中山为主	以棕黏性土、砂性土、粗粒岩为主	冻融、冻胀破坏
	$Ⅰ_2$ 岛状多年冻土区	呼伦贝尔市大部	大兴安岭山地纵贯全境中部，是构成全盟地貌的主体，以湿润重丘、低山和中山为主。冬季寒冷漫长，昼夜温差大，无霜期短，降水量不多，降水期多集中在7月和8月	土质以黏性土和砂性土为主，岩性以花岗岩和凝灰岩为主	冻融、冻胀破坏
Ⅱ 半湿润区	$Ⅱ_1$ 沙地沙化区	突泉至布敦化段，通辽市科尔沁沙地、经棚至大板段	突泉至布敦化段位于科尔沁右翼中旗，处于横穿大兴安岭的霍林河谷地带，科尔沁沙地位于通辽市南部	突泉至布敦化段为山谷风口汇集区域，是沙丘发育区	沙埋破坏
	$Ⅱ_2$ 低山丘陵区	兴安盟东南端、通辽市大部、赤峰市大部	地处大兴安岭中段，属中低山丘陵区。山地面积约占全盟总面积的90%，平原为嫩江西岸平原，约占总面积的10%。处于温带大陆性季风气候区，立体气候特征明显，四季分明，地区差异显著	沿线出露地层以第四季及侏罗系地层为主，岩性以燕山期花岗斑岩为主，基岩局部风化较强烈，裂隙发育，岩石破碎。土质以黏性土、粉质砂、碎石土及河流侵蚀堆积砂砾为主	冻融、冻胀破坏，崩塌，雨水冲刷破坏
Ⅲ 半干旱区	$Ⅲ_2$ 黄土高原区	鄂尔多斯市、呼和浩特市南部	鄂尔多斯市西部为波状高原区，属典型的荒漠草原，干旱少雨；东部为丘陵沟壑水土流失和砂岩裸露区，南部鄂托克前旗地处毛乌素沙漠腹地	属半干旱大陆性季风气候，沙丘纵横，土质多为黄绵土、灰钙土、风沙土、草甸土等	雨水冲刷破坏，滑坡
	$Ⅲ_3$ 低山丘陵区	呼和浩特大青山山区、乌兰察布市山区	地形以波状丘陵为主，属温带大陆性季风气候，气候变化明显	岩性大部分为第三系砂岩、花岗岩、砂砾岩和泥岩等，个别地方有玄武岩出露；土质大部分为黏土质砂和粉土质砂	冻融、冻胀破坏，滑坡

表 B.1（续）

一级分区	二级分区编号	范围	地貌及气候特征	地质岩性特征	坡面破坏形式
Ⅲ 半干旱区	Ⅲ₄ 蒙古高原区	巴彦淖尔市北部、包头市北部、乌兰察布北部、锡林郭勒盟、呼伦贝尔市西端	阴山山脉横亘包头市中部，形成北部丘陵高原、中部山岳两个地貌单元；其余大部以高平原为主体，兼有多种地貌单元，属中温带半干旱、干旱大陆性季风气候，浑善达克沙地位于锡林郭勒盟中部，属半固定沙漠	土质主要为第四系松散堆积的粉土质砂、残坡积层、风成砂，石质以第三系砖红色泥岩为主，低山丘陵区为侏罗系火山岩凝灰岩、流纹岩及花岗斑岩的侵入体	冻融、冻胀破坏，滑坡，沙埋，雨水冲刷破坏
Ⅳ 干旱区	沙漠荒漠区	阿拉善盟、巴彦淖尔市西端	阴山余脉、贺兰山与大片沙漠、起伏滩地、剥蚀残丘相间分布	岩性以第三系砂岩、花岗岩、砂砾岩和泥岩为主，土质受地貌及气候条件影响，具有明显的地带性分布特征，大部分为砂砾土和粉土质砾石	风蚀破坏，沙埋，雨水冲刷破坏，剥落

附 录 C
（规范性附录）
坡面勘察表

气象调查表见表C.1。

表C.1 气象调查表

工程名称：　　　　　调查人：　　　　　　　　　　日期：　年　月　日

桩号	年最大降水量	最低气温	最高气温	年积温	无霜期	年均蒸发量

地形地质调查表见表C.2。

表C.2 地形地质调查表

工程名称：　　　　　调查人：　　　　　　　　　　日期：　年　月　日

桩号	所属区域	坡率	坡向	坡高	坡级	坡面岩性	坡面质地构成	坡面稳定性

生态调查表见表C.3。

表C.3 生 态 调 查 表

工程名称：　　　　　　调查人：　　　　　　　　　　　日期：　　年　月　日

桩号	位置	植被调查				土壤					
		植被类型	植物种类	乔灌草比例	覆盖度	含水率	pH	养分	质地	容重	孔隙度

工程设计调查表见表C.4。

表C.4 工程设计调查表

工程名称：　　　　　　调查人：　　　　　　　　　　　日期：　　年　月　日

调查地点：
一、边坡工程设计情况
二、坡体稳定性状况
三、坡体支护方式
四、工程截排水设计

附 录 D
（规范性附录）
坡面坡率设计要求表

坡面坡率设计要求见表D.1。

表 D.1 坡面坡率设计要求表

区 域	坡面质地	坡 向	坡 率
Ⅰ区	土质坡面	阴坡	≤1∶0.75
		阳坡	≤1∶0.75
	混合质地坡面	阴坡	≤1∶0.75
		阳坡	≤1∶1
	石质坡面	阴坡	≤1∶1
		阳坡	≤1∶1
Ⅱ区	土质坡面	阴坡	≤1∶0.75
		阳坡	≤1∶1
	混合质地坡面	阴坡	≤1∶0.75
		阳坡	≤1∶1
	石质坡面	阴坡	≤1∶1
		阳坡	≤1∶1
Ⅲ区	土质坡面	阴坡	≤1∶1
		阳坡	≤1∶1
	混合质地坡面	阴坡	≤1∶1
		阳坡	≤1∶1
	石质坡面	阴坡	≤1∶1
		阳坡	≤1∶1

附 录 E
（规范性附录）
阴坡植生层厚度设计要求表

阴坡植生层厚度设计要求见表 E.1。

表 E.1 阴坡植生层厚度设计要求表

区 域	坡面质地	坡 率	植生层厚度（cm）
Ⅰ区	土质坡面	<1∶1.5	≥8.0
		≥1∶1.5, <1∶1	≥8.0
		≥1∶1, ≤1∶0.75	≥8.0
	混合质地坡面	<1∶1.5	≥8.0
		≥1∶1.5, <1∶1	≥8.0
		≥1∶1, ≤1∶0.75	≥8.0
	石质坡面	<1∶1.5	≥8.0
		≥1∶1.5, <1∶1	≥8.0
		≥1∶1, ≤1∶0.75	≥10.0
Ⅱ区	土质坡面	<1∶1.5	≥6.0
		≥1∶1.5, <1∶1	≥8.0
		≥1∶1, ≤1∶0.75	≥8.0
	混合质地坡面	<1∶1.5	≥6.0
		≥1∶1.5, <1∶1	≥8.0
		≥1∶1, ≤1∶0.75	≥8.0
	石质坡面	<1∶1.5	≥8.0
		≥1∶1.5, <1∶1	≥10.0
		≥1∶1, ≤1∶0.75	≥10.0
Ⅲ区	土质坡面	<1∶1.5	≥8.0
		≥1∶1.5, <1∶1	≥10.0
		≥1∶1, ≤1∶0.75	≥10.0
	混合质地坡面	<1∶1.5	≥8.0
		≥1∶1.5, <1∶1	≥10.0
		≥1∶1, ≤1∶0.75	≥12.0
	石质坡面	<1∶1.5	≥10.0
		≥1∶1.5, <1∶1	≥10.0
		≥1∶1, ≤1∶0.75	≥12.0

附 录 F
（规范性附录）
阳坡植生层厚度设计要求表

阳坡植生层厚度设计要求见表F.1。

表F.1 阳坡植生层厚度设计要求表

区域	坡面质地	坡率	植生层厚度（cm）
Ⅰ区	土质坡面	<1∶1.5	≥9.6
		≥1∶1.5，<1∶1	≥9.6
		≥1∶1，≤1∶0.75	≥9.6
		>1∶0.75	≥12.0
	混合质地坡面	<1∶1.5	≥9.6
		≥1∶1.5，<1∶1	≥9.6
		≥1∶1，≤1∶0.75	≥9.6
	石质坡面	<1∶1.5	≥9.6
		≥1∶1.5，<1∶1	≥9.6
		≥1∶1，≤1∶0.75	≥12.0
Ⅱ区	土质坡面	<1∶1.5	≥7.2
		≥1∶1.5，<1∶1	≥9.6
		≥1∶1，≤1∶0.75	≥9.6
	混合质地坡面	<1∶1.5	≥7.2
		≥1∶1.5，<1∶1	≥9.6
		≥1∶1，≤1∶0.75	≥9.6
	石质坡面	<1∶1.5	≥9.6
		≥1∶1.5，<1∶1	≥12.0
		≥1∶1，≤1∶0.75	≥12.0
Ⅲ区	土质坡面	<1∶1.5	≥9.6
		≥1∶1.5，<1∶1	≥12.0
		≥1∶1，≤1∶0.75	≥12.0
	混合质地坡面	<1∶1.5	≥9.6
		≥1∶1.5，<1∶1	≥12.0
		≥1∶1，≤1∶0.75	≥14.4
	石质坡面	<1∶1.5	≥12.0
		≥1∶1.5，<1∶1	≥12.0
		≥1∶1，≤1∶0.75	≥14.4

附 录 G
(规范性附录)
内蒙古自治区坡面生态防护常用植物及其分类表

内蒙古自治区坡面生态防护常用植物及其分类见表 G.1。

表 G.1 内蒙古自治区坡面生态防护常用植物及其分类表

适宜地区	植被类型	植 物 物 种
Ⅰ区	乔木	山杏(Prunus armeniaca)、榆树(Ulmus pumila L.)
	灌木	柠条(Caragana Korshinskii Kom.)、胡枝子(Lespedeza bicolor Turcz.)、紫穗槐(Amorpha fruticosa L.)、沙棘(Hippophae rhamnoides Linn.)、小叶锦鸡儿[Caragana microphylla (Pall.) Lam.]
	草本	波斯菊(Cosmos bipinnatus Cav.)、小冠花(Coronilla varia L.)、赖草(Leymus secalinus (Georgi) Tzvel.)、蒙古冰草(Agropyron mongolicum Keng)、草木樨(Melilotusofficinalis (Linn.)Pall)、甘草(Glycyrrhiza uralensis)、无芒雀麦(Bromus inermis)、披碱草(Elymus dahuricus)、紫花苜蓿(Medicago sativa L.)、扁穗冰草[Agropyron cristatum (L.) Gaertn]、沙打旺(Astragalus adsurgens Pall.)
Ⅱ区	乔木	柽柳(Tamarix chinensis)、刺槐(Robinia pseudoacacia L)、山杏(Prunus armeniaca)、榆树(Ulmus pumila L.)
	灌木	枸杞(Lyciun chinense Mill.)、柠条(Caragana Korshinskii Kom.)、胡枝子(Lespedeza bicolor Turcz.)、紫穗槐(Amorpha fruticosa L.)、沙棘(Hippophae rhamnoides Linn.)、小叶锦鸡儿(Caragana microphylla (Pall.) Lam.)
	草本	老芒草(ElymussibiricusL.)、波斯菊(Cosmos bipinnatus Cav.)、小冠花(Coronilla varia L.)、赖草(Leymus secalinus (Georgi) Tzvel.)、蒙古冰草(Agropyron mongolicum Keng)、草木樨[Melilotusofficinalis(Linn.)Pall]、甘草(Glycyrrhiza uralensis)、无芒雀麦(Bromus inermis)、披碱草(Elymus dahuricus)、紫花苜蓿(Medicago sativa L.)、扁穗冰草(Agropyron cristatum (L.) Gaertn)、沙打旺(Astragalus adsurgens Pall.)
Ⅲ区	乔木	刺槐(Robinia pseudoacacia L)、山杏(Prunus armeniaca)、榆树(Ulmus pumila L.)
	灌木	柠条(Caragana Korshinskii Kom.)、胡枝子(Lespedeza bicolor Turcz.)、紫穗槐(Amorpha fruticosa L.)、沙棘(Hippophae rhamnoides Linn.)、小叶锦鸡儿[Caragana microphylla (Pall.) Lam.]
	草本	波斯菊(Cosmos bipinnatus Cav.)、小冠花(Coronilla varia L.)、赖草[Leymus secalinus (Georgi) Tzvel.]、蒙古冰草(Agropyron mongolicum Keng)、草木樨(Melilotusofficinalis (Linn.)Pall)、甘草(Glycyrrhiza uralensis)、无芒雀麦(Bromus inermis)、披碱草(Elymus dahuricus)、紫花苜蓿(Medicago sativa L.)、扁穗冰草[Agropyron cristatum (L.) Gaertn]、沙打旺(Astragalus adsurgens Pall.)